Pause im Glas

LUISA ZELTNER

Pause im Glas

VEGETARISCHES & VEGANES
ZUM MITNEHMEN

Fotos von
LISA NIESCHLAG

Hölker Verlag

Inhalt

Vorwort

Stell dir vor, du setzt dich in der Mittagspause nach draußen in die Sonne und genießt einen frischen Salat, der dich satt und zufrieden macht. Du beginnst den Tag ganz entspannt mit Zitronenquark und süßen Beeren. Du stillst deinen Hunger nie wieder mit einem pappigen Brötchen und kannst auch unterwegs immer essen, worauf du Lust hast. Klingt gut, oder?

Sich vielseitig und gesund zu ernähren, ist vielen meiner Freunde und Bekannten ein Anliegen. Wenn sie abends oder am Wochenende Zuhause kochen, kaufen sie die Zutaten dafür auf dem Wochenmarkt oder im Bioladen ein. Mittags stehen sie allerdings oft vor der Entscheidung: Kantine, Schnellimbiss oder der Italiener um die Ecke? Das geht auf Dauer nicht nur ins Geld und auf die Hüften, sondern schlägt bei dem oftmals eintönigen gastronomischen Angebot auch auf die Laune. Dabei ist es mit ein wenig Planung und Know-How ein Leichtes, sich gesundes Essen mitzunehmen.

Der Rezeptentwicklung habe ich mich mit derselben Leidenschaft gewidmet mit der ich sonst für Freunde koche. Für alle Rezepte in diesem Buch braucht es nur eine Handvoll guter Zutaten – sie sind voller Geschmack, nährstoffreich und vor allem versorgen sie dich mit ausreichend Energie, damit du den Aufgaben des Alltags gestärkt begegnen kannst.

Die meisten Rezepte sind für eine Portion konzipiert. Mit einem Glas voll duftender Koriandermöhren und cremigem Feta sind dir die neidischen Blicke von Kollegen und Sitznachbarn allerdings sicher. Und natürlich spricht nichts dagegen, gleich zwei oder drei Gläser zu füllen und dir selbst und anderen damit eine Freude zu machen. Vielleicht schließt ihr euch sogar zusammen und könnt euch mit dem Kochen abwechseln.

Und eines noch zum Schluss: Die folgenden Rezepte sind als Anregung gedacht, um deine Pausen kulinarisch zu bereichern. Niemand verlangt, dass du sie sklavisch befolgst. Habe Spaß in deiner Küche, lass dich inspirieren und von deinem eigenen Geschmack leiten. Du wirst sehen, die Möglichkeiten im Glas sind (fast) grenzenlos.

Ich wünsche dir viel Spaß beim Kochen, Abwandeln und vor allem beim Genießen. Du entscheidest, was du isst. Bist du bereit?

Luisa Zeltner

Selbst kochen, gesund genießen

Gute Gründe für die Pause im Glas

Gesundes Essen kommt im Beruf oder im Studium häufig zu kurz. Mit etwas Planung und einer Prise Kreativität lässt sich das mühelos ändern, denn sich vielseitig und gesund zu ernähren ist gar nicht so schwer. Wenn du selbst kochst, sparst du nicht nur eine Menge Geld, sondern kannst allein bestimmen, was wirklich in deinem Essen steckt. Du kannst Zutaten weglassen, die du nicht gut verträgst oder auf die du aus bestimmten Gründen verzichten möchtest.

Die Vorteile von Gläsern als Behälter sind dabei so vielfältig wie eindeutig. Sie können gut transportiert werden und sondern keinen Geschmack an die Lebensmittel ab. Gut verschließbare Schraubgläser sind außerdem luftundurchlässig und so ein Garant für eine längere Haltbarkeit. Außerdem spart das Mitnehmen von Essen in Gläsern unnötigen Plastikmüll, da man die Gläser problemlos waschen und wiederverwenden kann. Genau das Richtige für einen nachhaltigen Lebensstil!

Kleine Gläserkunde

Im Handel findet man eine Vielzahl an Schraubgläsern in unterschiedlichen Größen, die sich zum Mitnehmen von Essen eignen. Bei den folgenden Rezepten werden ausschließlich zwei Gläsergrößen verwendet, die sich an den **Ball-Gläsern von Mason Jar** orientieren.

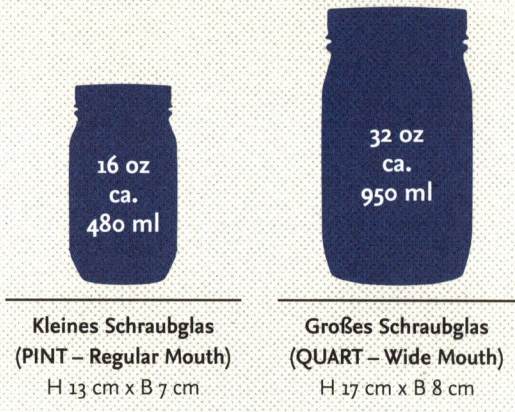

16 oz ca. 480 ml

32 oz ca. 950 ml

Kleines Schraubglas
(PINT – Regular Mouth)
H 13 cm x B 7 cm

Großes Schraubglas
(QUART – Wide Mouth)
H 17 cm x B 8 cm

Auf dem deutschen Markt noch weniger bekannt, sind diese Einmachgläser in den USA schon seit vielen Jahren ein Klassiker. In vielen Größen erhältlich, bieten sie sich nicht nur für die Konservierung von Speisen an, sondern eignen sich auch hervorragend zum Transport deines Lieblingsessens. Es gibt die Gläser mit unterschiedlich großen Öffnungen: regular mouth und wide mouth.

Die Ball-Gläser von Mason Jar sind ähnlich wie die Produkte von WECK aus hochwertigem, dickem Glas, langlebig und spülmaschinengeeignet. Besonders ist der zweiteilige Verschluss, der aus einem am Rand gummierten Deckel (BPA-frei) und einem den Deckel fixierenden Schraubring besteht. Die bestimmte Verschlusstechnik sorgt dafür, dass die Gläser absolut luftdicht zu verschließen sind und Suppen, Säfte und Smoothies wirklich nur im Glas bleiben und nicht deine Tasche ruinieren.

Beim Einmachen von Lebensmitteln muss der Deckel jedes Mal durch einen neuen ausgetauscht werden, für den Transport von Essen spielt das keine Rolle. Allerdings ist der Deckel aufgrund seiner Gummierung nicht spülmaschinenfest.

Die Ball-Gläser von Mason Jar erhält man vereinzelt in Supermärkten oder Spezialgeschäften. Ansonsten lassen sie sich beispielsweise hier bestellen:

www.lieblingsglas.de
www.dawanda.de
www.blueboxtree.com
www.partyerie.de

Natürlich eignen sich auch andere Gläser für Frühstück, Lunch und Glück im Glas. Bei der Wahl der Gläser sollte darauf geachtet werden, dass die Deckel wirklich gut und zuverlässig schließen, damit das Essen darin frisch bleibt und beim Transport keine Flüssigkeit auslaufen kann. Besser vor dem Mitnehmen einmal mit Wasser testen, ob ein Glas geeignet ist oder nicht.

Mögliche Arten von Gläsern sind zum Beispiel klassische Einmachgläser mit Schraub- bzw. Twist-off-Verschluss wie größere Marmeladen- oder Gurkengläser. Soll es kein Schraubdeckel sein, können leckere Mahlzeiten in Bügelgläsern verstaut und in deiner Pause mit einem Plopp eröffnet werden. Für kleinere Portionen von Porridge oder Chia-Pudding eignen sich auch die klassischen Weckgläser mit Gummiring, Glasdeckel und Metallklammern.

Gläser befüllen

Damit Salate schön knackig bleiben und dein Frühstück nicht nur lecker schmeckt, sondern auch gut aussieht, gibt es einige Grundregeln, die du beim Schichten der Zutaten beachten solltest:

1 Als Erstes das Dressing bzw. die Sauce in das Glas geben. Je nach Gericht ist es auch sinnvoll, das Dressing in einem separaten Behälter oder in einem extra Einsatz mitzunehmen. Insbesondere, wenn der dazugehörige Salat länger als einen Tag haltbar sein soll oder wenn du ohnehin so häufig Salat isst, dass es sich lohnt, eine große Menge eines einfachen Dressings vorzubereiten.

2 Als Zweites die Zutaten zufügen, die durch das Dressing oder die Sauce nicht zu stark durchweichen, das heißt unempfindliches Obst, Gemüse und Hülsenfrüchte wie z. B. Kichererbsen, Bohnen, Radieschen, Karotten und Gurken. Auch Getreide wie Bulgur und Nudeln kann man auf das Dressing oder die Sauce geben.

3 Dann weicheres, empfindlicheres Obst, Gemüse und Getreide wie z. B. Tomaten, Quinoa, Orangen, Avocado, Erdbeeren, Pilze etc. einschichten.

4 Blattsalate wie z. B. Radicchio, Spinat und Feldsalat kommen nach oben. So wird das empfindliche Grün nicht zerdrückt und fällt auch weniger schnell zusammen, als wenn es direkt mit dem Dressing und der darin enthaltene Säure in Berührung käme.

5 Zuletzt kommen Kräuter, geriebener oder zerkrümelter Käse, Nüsse, Samen, Sprossen und Trockenfrüchte hinzu. Bei manchen empfindlichen Salatsorten wie beispielsweise Feldsalat und Babyspinat bietet es sich an, zuerst die Toppings und dann das Blattgrün einzuschichten.

Mindestens haltbar bis ...

Nur das Beste kommt ins Glas!

Generell sollte alles, was im Glas landet, möglichst frisch und von guter Qualität sein. Insbesondere bei der Verwendung von Blattsalaten ist es wichtig, dass diese bei der Zubereitung richtig schön knackig sind. Damit sie nicht zu schnell zusammenfallen oder matschig werden, solltest du die gewaschenen Salate vor dem Einschichten gut trocken schleudern – auch das Dressing haftet dann besser.

Haltbarkeit und Konservierung

Damit das Essen im Glas lange frisch bleibt und nichts weggeworfen werden muss, solltest du auf das richtige Befüllen der Gläser achten. Auch ein genauer Blick auf die angegebenen Portionsgrößen lohnt sich. Denn die Mengenangaben in diesem Buch richten sich danach, wie lange sich die Zutaten halten und wie aufwendig die Rezepte sind.

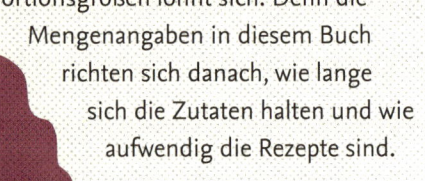

Deshalb sind Rezepte für unempfindliche Salate und Suppen häufig für zwei Portionen berechnet, während schnell verderbliche Gerichte nur für eine Portion angegeben werden.

Die Haltbarkeit ist stark davon abhängig, in welchem Zustand die Zutaten eingeschichtet werden. Wie bereits erwähnt, lohnt es sich, nur die besten und frischesten Produkte zu verwenden. Bestenfalls kaufst du saisonale und regionale Produkte direkt vom Erzeuger auf einem Wochenmarkt in deiner Nähe. Obst und Gemüse aus dem Umland wird erst dann geerntet, wenn es richtig reif ist. Schließlich muss es nach der Ernte keine weiten Transportwege mehr überstehen, sondern wird direkt zum Kauf angeboten. Heimische Tomaten, Erdbeeren, Äpfel und Co. haben also nicht nur eine bessere Umweltbilanz, sondern schmecken in vielen Fällen auch einfach besser.

Bei der Zubereitung gilt: Lieber etwas zu kurz als zu lange garen. Nach dem Blanchieren solltest du die Zutaten nach Möglichkeit in Eiswasser abschrecken, damit sie ihre Farbe behalten und den Biss nicht verlieren. Auch müssen manche Zutaten nach dem Braten und Backen abkühlen, bevor sie zusammen mit frischen Kräutern und Blattsalaten ins Glas kommen. Beim Einschichten solltest du darauf achten, die Zutaten nicht zu stark zusammenzudrücken, sonst werden sie schnell matschig.

Auch die gründliche Reinigung der Gläser verlängert die Haltbarkeit der Mahlzeiten im Glas deutlich. Dafür die Gläser am besten in der Spülmaschine waschen oder mit heißem Wasser durchspülen.

Außerdem gilt natürlich: So konsequent wie möglich kühl lagern! Die Gläser solltest du allerdings mindestens 30 Minuten vor dem Verzehr aus dem Kühlschrank holen und den Inhalt Zimmertemperatur annehmen lassen, damit sich die Aromen voll entfalten können. Eingefrorenes kannst du bereits am Vorabend aus dem Tiefkühler nehmen und bei Zimmertemperatur auftauen lassen. So sparst du unnötige Energie.

Verwendung von Milchprodukten

Ob aus gesundheitlichem Anlass, wegen einer Laktoseintoleranz oder ethischer Bedenken: Es gibt viele Gründe, aufgrund derer man sich dazu entscheidet, keine Tiermilch zu verwenden. Zum Glück sind im Handel mittlerweile zahlreiche Alternativen zu Kuh-, Ziegen- oder Schafsmilch erhältlich, aus denen man je nach geschmacklicher Präferenz wählen kann. Dazu gehören unter anderem Sojamilch, Mandelmilch, Reismilch, Kokosmilch, Hafermilch, Haselnussmilch und Macadamiamilch. Beim Kauf solltest du darauf achten, dass die Pflanzenmilch keine unnötigen Zusatzstoffe enthält, was vor allem bei Sojamilch häufig der Fall ist. Die meisten pflanzlichen Alternativen werden übrigens sowohl gesüßt als auch ungesüßt angeboten. Die ungesüßten Varianten enthalten nicht nur weniger Zucker, sondern sind meist auch etwas günstiger. Sei einfach mutig und probiere dich durch. Und wenn du etwas mehr Zeit hast, kannst du Nussmilch natürlich auch selbst herstellen.

Statt Joghurt aus Kuhmilch kannst du bei einer laktosefreien Ernährung zu Produkten aus Schafs- oder Ziegenmilch greifen, als vegane Alternative bieten sich Soja- und Kokosjoghurt an. Möchtest du den würzigen Geschmack von Parmesan ersetzen, kannst du Cashewkerne in einer Pfanne ohne Fett anrösten, nach Belieben mahlen und mit Hefeflocken und etwas Salz vermengen (auf 200 g Cashewkerne 3–4 EL Hefeflocken). Feta kann häufig weggelassen werden.

Die Rezepte in diesem Buch sind so konzipiert, dass du individuell wählen kannst, ob du tierische oder pflanzliche Milchprodukte verwenden möchtest. So lassen sich viele vegetarische Rezepte in diesem Buch veganisieren.

Energiepakete & Wachmacher

Du hast morgens wenig Zeit, möchtest aber trotzdem entspannt frühstücken? Mit knusprigem Müsli, fruchtigem Smoothie oder frisch gepresstem Saft im Glas ist der perfekte Start in den Tag garantiert.

Avocado-Shake à la Marrakesch

In Marokko trinkt man zum Frühstück gerne einen gesüßten Shake aus Avocado und Milch. Leider wird dieses leckere Getränk bei uns nicht wie dort an jeder Straßenecke angeboten. Ein guter Grund, sich die orientalische Erfrischung selbst zu mixen und für ein bisschen Urlaubsfeeling zu sorgen.

FÜR 1 PORTION

½ Gurke
1–2 Stängel Minze
1 reife Avocado
3 EL Zitronensaft
200 ml Milch nach Wahl
1–2 EL Agavendicksaft oder Honig

Die Gurke schälen, längs halbieren und grob würfeln. Minze abbrausen, trocken schütteln, die Blättchen abzupfen und grob hacken. Die Avocado der Länge nach rundherum bis zum Kern einschneiden. Die Hälften gegeneinanderdrehen und so auseinanderlösen. Den Kern entfernen. Das Fruchtfleisch mit einem Löffel aus der Schale kratzen.

Gurke, Minze und Avocado in einen Mixer geben. Zitronensaft, Milch und Agavendicksaft oder Honig rasch zufügen und alles cremig pürieren. Nach Belieben noch etwas Wasser zugießen und erneut mixen.

Den Shake in ein Schraubglas füllen. Das Glas gut verschließen, in den Kühlschrank stellen und den Inhalt noch am selben Tag verzehren.

TIPP

Wer es morgens lieber salzig mag, kann den Shake ohne Agavendicksaft zubereiten und ihn stattdessen mit etwas Salz und Pfeffer würzen. Als Alternative zu Kuhmilch eignet sich hier übrigens vor allem Mandelmilch.

Melonen–Petersilien–Smoothie

Dieser Smoothie ist genau das Richtige, um sich an heißen Sommertagen abzukühlen. Sowohl zum Frühstück als auch als kleiner Mittagssnack ist er ein wahrer Genuss. Wer einen Hochleistungsmixer hat, kann auch die Stängel der Petersilie mit in den Mixer geben.

FÜR 1 PORTION

¼ **Wassermelone (ca. 400 g)**
½ **Bund glatte Petersilie**
3 **Eiswürfel**
1 **EL Limettensaft**
1 **Prise Salz**

Die Wassermelone von der Schale befreien und in grobe Stücke schneiden. Petersilie abbrausen, trocken schütteln, die Blättchen abzupfen und grob hacken. Eiswürfel in einen Gefrierbeutel geben und mit einem Nudelholz zerstoßen.

Wassermelone, Petersilie, Eiswürfel und Limettensaft in einen Mixer geben und solange mixen, bis eine glatte Flüssigkeit entsteht. Mit Salz abschmecken.

Den Smoothie in ein Schraubglas füllen. Das Glas gut verschließen, in den Kühlschrank stellen und den Inhalt noch am selben Tag genießen.

TIPP

Wenn dir der Geschmack von Petersilie zu stark ist, kannst du stattdessen Minze verwenden.

Mango-Cashew-Lassi

Lassi ist ein traditionelles indisches Joghurt-Mix-Getränk. Es wird gerne zu scharfen Speisen getrunken, weil der im Drink enthaltene Joghurt die Schärfe des Essens mildert. Bei dieser fruchtigen Variante wird nur wenig Joghurt verwendet und stattdessen eine Handvoll Cashewkerne hinzugefügt. So macht der Lassi nicht nur länger satt, sondern ist auch leichter zu veganisieren. Wer keinen Hochleistungsmixer besitzt, sollte die Cashewkerne vorher 30 Minuten lang in kaltem Wasser einweichen.

FÜR 1 PORTION

1 Mango
½ TL gemahlene
   Bourbon-Vanille
2 EL Zitronensaft
1 Handvoll Cashewkerne
150 ml Milch nach Wahl
1 EL Joghurt nach Wahl

Die Mango schälen, entkernen und das Fruchtfleisch grob würfeln. Zusammen mit Vanillepulver, Zitronensaft, Cashewkernen, der Milch und dem Joghurt in einen Mixer geben und cremig pürieren. Gegebenenfalls etwas Wasser zugießen und erneut mixen.

Das Lassi in ein Schraubglas füllen. Das Glas gut verschließen, in den Kühlschrank stellen und den Inhalt noch am selben Tag trinken.

TIPP

Je reifer die Mango ist, desto süßer schmeckt sie. Reicht die natürliche Süße der Mango nicht aus, kannst du mit etwas Agavendicksaft oder Ahornsirup nachsüßen.

Power-Frühstückssaft

Frisch gepresst ist dieser Saft voller Vitamine und Spurenelemente. Ingwer kurbelt noch dazu den Stoffwechsel an. Der perfekte Morgentrunk für alle, die nach dem Aufstehen eine extra Portion Energie brauchen. Zum Entsaften solltest du nur ungespritzte Erzeugnisse aus ökologischem Anbau verwenden. Handelt es sich um junges Gemüse, brauchst du es dann nicht einmal zu schälen.

FÜR 1 PORTION

1 kleine Rote Bete
3 mittelgroße Möhren
1 Stück Ingwer (3 cm)
1 Orange
1 TL mildes Sesamöl

Rote Bete, Möhren und Ingwer gründlich waschen, von den Wurzelansätzen befreien und in grobe Stücke schneiden. Die Orange schälen, dabei auch die weiße Haut entfernen. Gemüse und Obst entsaften, dann Öl einrühren.

Den Saft in ein Schraubglas füllen, gut verschließen und kühl lagern. Vor dem Verzehr schütteln und innerhalb der nächsten 2–3 Tage aufbrauchen.

TIPP

Wenn es morgens schnell gehen muss, du aber nicht auf einen frisch gepressten Saft verzichten möchtest, kannst du die Zutaten auch am Vorabend vorbereiten und in den Kühlschrank legen. Am nächsten Morgen dann einfach entsaften und fertig.

Knusper-Mohn-Müsli mit Pflaumen

Müsli selbst zu machen ist einfach und geht flott. Fängt man einmal damit an, will man morgens nichts anderes mehr löffeln. Mit Früchten und Joghurt gibt das ein prima Frühstück für unterwegs.

Für ca. 600 g Müsli
150 ml Ahornsirup oder Honig
2 EL Kokosöl
300 g Haferflocken
40 g Sonnenblumenkerne
40 g gemahlene Haselnüsse
6 EL Mohn
3 TL Zimt
1 Prise Salz
50 g gepuffter Amaranth
1 Vanilleschote
50 g getrocknete Pflaumen

Für ca. 300 g Kompott
300 g Pflaumen (frische oder TK)
1 TL Zimt
2 EL Rohrohrzucker

FÜR 1 PORTION
---

80 g Knusper-Mohn-Müsli
100 g Joghurt nach Wahl
2–3 EL Kompott

Den Backofen auf 150 °C vorheizen.

Den Ahornsirup oder den Honig und das Kokosöl in eine große Pfanne geben und bei niedriger Temperatur zerlassen. Haferflocken, Sonnenblumenkerne, Haselnüsse, Mohn, Zimt und Salz zugeben und kurz anrösten. Dann den gepufften Amaranth unterrühren und die Pfanne vom Herd nehmen. Vanilleschote halbieren, das Mark auskratzen und unter-mengen. Die Mischung auf ein mit Backpapier ausgelegtes Backblech geben und ca. 30 Minuten im Ofen backen, dabei regelmäßig wenden.

In der Zwischenzeit die getrockneten Pflaumen klein schneiden. Das Müsli herausnehmen, abkühlen lassen und die Trockenfrüchte untermengen.

Für das Kompott die Pflaumen in einem Topf bei niedriger Temperatur erhitzen. Je nach Reife und Belieben das Obst in 10–15 Minuten weich kochen. Zimt zugeben und mit Zucker süßen. In ein steriles Schraub- oder Einmachglas füllen und kühl stellen.

Eine Portion Knusper-Müsli am Tag des Verzehrs in ein Schraubglas à 480 ml füllen. Dann nach Belieben zuerst den Joghurt und anschließend die Pflaumen einschichten.

Chia-Pudding mit Rhabarberkompott

Chia-Samen sind die Heilsamen der Maya und werden als Superfood bezeichnet, da sie einen hohen Gehalt an Eiweiß, Antioxidantien, Ballaststoffen, ungesättigten Fettsäuren und Omega-3-Fettsäuren haben. Chia bedeutet in der Sprache der Maya „Kraft" – also genau das, was man für einen perfekten Start in den Arbeitsalltag braucht.

FÜR 2 PORTIONEN

Für den Pudding
400 ml Milch nach Wahl
6–8 EL Chia-Samen
1–2 EL Ahornsirup

Für das Kompott
400 g Rhabarber
**1 TL gemahlene
  Bourbon-Vanille**
2–3 EL Rohrohrzucker

Die Milch mit den Chia-Samen und dem Ahornsirup gut verrühren. Auf zwei Schraubgläser verteilen, die Gläser gut verschließen und kräftig schütteln. 10 Minuten stehen lassen, nochmals schütteln und die Chia-Samen über Nacht im Kühlschrank quellen lassen.

Den Rhabarber waschen, putzen und dabei die hartfaserigen Fäden abziehen. Die Stangen in ca. 3 cm lange Stücke schneiden, mit der Vanille und dem Zucker in einen Topf geben und 10–15 Minuten kochen lassen.

Rhabarberkompott in ein Schraub- oder Einmachglas füllen und kühl stellen. Am Tag des Verzehrs pro Portion die Hälfte des Kompotts auf den Chia-Pudding geben.

TIPP

Chia-Pudding hält sich im Kühlschrank bis zu 3 Tage. Wenn man bei der Zubereitung die Tier- oder Pflanzenmilch durch Wasser ersetzt, sogar bis zu 1 Woche. Für mehr Abwechslung kann man das Rhabarberkompott durch jedes beliebige Fruchtkompott ersetzen.

Paleo-Beeren-Müsli

Dieses Müsli kommt ohne jegliches Getreide aus und gibt modernen Jägern und Sammlern ausreichend Kraft für den Tag.

Für ca. 500 g Müsli
3 EL Honig
2 EL Kokosöl
200 g Nusskernmischung
  (z. B. Cashewkerne, Haselnüsse,
  Mandeln)
100 g Kokosflocken
120 g Sonnenblumenkerne
1 EL Zimt
50 g getrocknete Beeren
  (z. B. Himbeeren, Heidelbeeren,
  Goji-Beeren)

FÜR 1 PORTION

60 g Paleo-Müsli
Frische Beeren nach Belieben
100 g Joghurt oder Milch
  nach Wahl

Den Backofen auf 140 °C vorheizen.

Honig und Kokosöl in einen großen Topf geben und bei niedriger Hitze zerlassen, beiseitestellen. Die Nüsse bzw. die Kerne grob hacken. Mit den Kokosflocken, den Sonnenblumenkernen und dem Zimt zu der Honig-Kokosöl-Mischung in den Topf geben und alles gut vermengen. Die Mischung auf ein mit Backpapier ausgelegtes Backblech geben.

Die Müslimasse im heißen Ofen in 20–30 Minuten goldbraun rösten, dabei gelegentlich wenden. Aufpassen, dass Nüsse, Kerne und Kokosflocken nicht zu dunkel werden, sie schmecken sonst bitter. Das Blech herausnehmen, das Backpapier samt Müsli herunterziehen und abkühlen lassen. Zum Schluss die getrockneten Beeren untermengen. Das Müsli in ein großes Schraubglas füllen und luftdicht verschlossen aufbewahren.

Am Tag des Verzehrs eine Portion Paleo-Müsli in ein Schraubglas füllen. Nach Belieben ein paar frische Beeren darüberschichten. Joghurt daraufgeben oder Milch separat mitnehmen.

Zitronenquark mit Superfood-Topping

Dieses Topping mit Superkräften ist eine prima Alternative zum morgendlichen Müsli. Da es sich problemlos mehrere Wochen aufbewahren lässt, sind hier die Zutaten für eine größere Menge angegeben.

Für 200 g Topping

30 g getrocknete Cranberrys
20 g Pistazienkerne
60 g Leinsamen
40 g weißer Sesam
30 g Hanfsamen
20 g Chia-Samen
1 TL gemahlene
   Bourbon-Vanille

FÜR 2 PORTIONEN

---

100 g Quark (20 % Fettgehalt)
200 g Magerquark
Saft und Abrieb von
   ½ Bio-Zitrone
1 TL gemahlene
   Bourbon-Vanille
2 EL Ahornsirup
Frisches Obst der Saison nach
   Belieben
4–6 EL Superfood-Topping

Für das Superfood-Topping Cranberrys und Pistazien getrennt voneinander fein hacken. Zusammen mit den übrigen Zutaten in ein Schraubglas geben. Das Glas verschließen und gut durchschütteln.

Den Quark mit Magerquark, Zitronensaft und -abrieb sowie Vanille und Ahornsirup cremig rühren. Auf zwei Schraubgläser verteilen, gut verschlossen in den Kühlschrank stellen und innerhalb von 3 Tagen aufbrauchen. Am Tag des Verzehrs nach Belieben frisches Obst auf den Quark geben und jeweils mit 2–3 EL Superfood-Topping bestreuen.

TIPP

Wer es gerne etwas fruchtiger mag, kann zusätzlich zu dem Superfood-Topping noch ein paar frische Beeren oder Früchte in das Glas geben.

Overnight Oats mit Apfelmus

Für einen sättigenden Frühstücksbrei muss man sich nicht an den Herd stellen. Haferflocken kann man nämlich prima über Nacht quellen lassen. Für das Frühstück am Morgen reicht dann ein Griff in den Kühlschrank. Luftdicht verschlossen und kühl gelagert sind Overnight Oats übrigens ca. 3 Tage haltbar.

FÜR 2 PORTIONEN

100 g Haferflocken
1 EL Chia-Samen
1 TL Zimt
1 Handvoll Mandelblättchen
200 g Apfelmus
200 ml Milch nach Wahl
2 EL Ahornsirup (optional)
Frisches Obst der Saison nach Belieben

Haferflocken, Chia-Samen, Zimt und Mandelblättchen in einer Schüssel mischen. Apfelmus, Milch und nach Belieben den Ahornsirup zugeben, alles verrühren und auf zwei Schraubgläser verteilen. Gut verschließen, in den Kühlschrank stellen und den Frühstücksbrei über Nacht durchziehen lassen.

Vor dem Verzehr kurz erwärmen oder kalt genießen. Wer mag, toppt den Brei noch mit frischem Obst nach Belieben, beispielsweise mit Blaubeeren, in Scheiben geschnittener Banane oder mit Trauben.

TIPP

Statt der Milch kann man auch Wasser verwenden und als pflanzliche Alternativen schmecken hier vor allem Reis-, Kokos- oder Mandelmilch.

Beerenquark mit Nusscrumble

Dieser Quark schmeckt nach Sommer, Sonne und guter Laune. Am besten verwendest du Beeren aus dem eigenen Garten oder regionale Ware frisch vom Markt. Außerhalb der Saison tun es aber auch tiefgekühlte Früchte.

FÜR 2 PORTIONEN

Für den Quark
100 g Quark (20 % Fettgehalt)
200 g Magerquark
Saft und Abrieb von
　½ Bio-Zitrone
1 EL Rohrohrzucker
200 g gemischte Beeren
　(frisch oder TK, aufgetaut)

Für das Crumble
50 g Nusskernmischung
　(z. B. Cashewkerne, Haselnüsse,
　Mandeln)
4 EL Haferflocken
2 EL Ahornsirup

Den Quark mit Magerquark, Zitronensaft sowie -abrieb und Zucker in einer Schüssel cremig rühren. Die Beeren gegebenenfalls putzen, nach Belieben zerdrücken und unterheben.

Für das Crumble die Nüsse grob hacken. Eine Pfanne bei mittlerer Temperatur erhitzen. Nüsse, Haferflocken und Ahornsirup hineingeben, verrühren und kurz karamellisieren lassen. Die Pfanne vom Herd nehmen und abkühlen lassen. Das abgekühlte Nusscrumble luftdicht verschlossen aufbewahren.

Den Beerenquark auf zwei Schraubgläser verteilen. Die Gläser gut verschließen, kühl stellen und den Inhalt innerhalb von 3 Tagen aufbrauchen. Am Tag des Verzehrs pro Portion die Hälfte des Crumbles auf den Quark streuen.

TIPP

Wer mag, kann gleich eine größere Menge Nusscrumble zubereiten, da es sich luftdicht verschlossen mehrere Wochen hält. Für eine leichtere Variante den Quark durch Joghurt ersetzen.

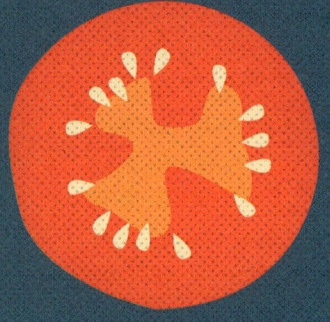

Knackige und bunte Salate

Schlapper Eisbergsalat war gestern! Heute gibt es ausgesuchte Blattsalate, geröstetes Gemüse oder fein geraspelte Rohkost gemixt mit Sprossen, Beeren, Nüssen, Quinoa und einem richtig guten Dressing. Salate, die satt und glücklich machen.

Bohnensalat mit Radieschen und Sprossen

Sprossen haben sehr viele Nährstoffe und sind gerade im Winter eine optimale Ergänzung zum saisonalen Angebot. Wer Lust hat, kann auf seiner Fensterbank seine eigene kleine kunterbunte Sprossenzucht gründen.

FÜR 1 PORTION

Für das Dressing
2 EL Zitronensaft
3 EL Olivenöl
1 EL Ahornsirup
½ TL gemahlene
Koriandersamen
½ TL gemahlener Kreuzkümmel
Salz
Frisch gemahlener
  schwarzer Pfeffer

Für den Salat
150 g weiße Bohnen, abgetropft
  (Dose)
½ Bund Radieschen
1 Handvoll Feldsalat
1 Handvoll Mandelblättchen
1 Handvoll Sprossen

Für das Dressing Zitronensaft, Öl, Ahornsirup, Koriander und Kreuzkümmel in einem Schraubglas à 950 ml verrühren. Mit Salz und Pfeffer abschmecken.

Die Bohnen in ein Sieb geben, mit kaltem Wasser abspülen und abtropfen lassen. Die Radieschen waschen, putzen und vierteln. Den Salat waschen und trocken schleudern. Die Mandeln in einer Pfanne ohne Fett goldbraun rösten, abkühlen lassen. Die Sprossen mit kaltem Wasser gründlich abspülen und gut abtropfen lassen.

Zuerst die Bohnen zu dem Dressing ins Glas geben. Dann die Radieschen und darüber den Salat einschichten. Zuletzt die Mandeln und die Sprossen zugeben. Das Glas gut verschließen, kühl stellen und den Salat am nächsten Tag aufbrauchen.

TIPP

Mit den restlichen Bohnen kann man sich am nächsten Tag einen lauwarmen Bohnen-Brot-Salat machen oder einen würzigen Bohnenaufstrich.

Fruchtiger Kichererbsensalat

Kichererbsen sind fester Bestandteil der indischen Küche und auch im Mittelmeerraum sehr beliebt – kein Wunder bei diesem herrlich nussigen Geschmack. In Kombination mit Fenchel und der fruchtigen Süße der Orange ein purer Genuss!

FÜR 1 PORTION

Für das Dressing
2 EL Zitronensaft
1 EL Tahini (Sesampaste)
3 EL Olivenöl
1 EL Agavendicksaft
Salz
Frisch gemahlener
  schwarzer Pfeffer

Für den Salat
150 g Kichererbsen, abgetropft
  (Glas)
1 kleiner Fenchel
1 kleine Knoblauchzehe
1–2 EL Olivenöl
Salz
Frisch gemahlener
  schwarzer Pfeffer
1 Orange
½ Bund glatte Petersilie

Für das Dressing alle Zutaten in ein Schraubglas à 950 ml geben und glatt rühren.

Die Kichererbsen in ein Sieb geben, unter kaltem Wasser abspülen und abtropfen lassen. Fenchel waschen, putzen und dabei den Strunk mit einem spitzen Messer kegelförmig herausschneiden. Das Grün fein hacken und beiseitestellen. Die Knolle längs halbieren und in dünne Streifen schneiden. Knoblauch schälen und fein hacken.

In einer Pfanne das Öl erhitzen, Knoblauch und Fenchel darin 10–15 Minuten bei geringer Hitze andünsten. Mit Salz und Pfeffer würzen. Herausnehmen und abkühlen lassen. Die Orange filetieren, dafür das obere und untere Ende gerade abschneiden. Die Frucht auf ein Schneidebrett stellen, senkrecht von oben nach unten die Schale mitsamt der weißen Haut herunterschneiden. Dann mit einem sehr scharfen Messer die Filets zwischen den Trennhäuten herausschneiden. Den dabei austretenden Saft auffangen, das übrig gebliebene Fruchtfleisch auspressen. Petersilie abbrausen, trocken schütteln, die Blättchen abzupfen und grob hacken.

Zuerst die Kichererbsen zu dem Dressing ins Glas geben. Dann das Fenchelgemüse und darüber die Orangenfilets einschichten. Mit Orangensaft beträufeln. Zum Schluss die Petersilie und das Fenchelgrün darüberstreuen und den Deckel gut verschließen. Das Glas über Nacht in den Kühlschrank stellen und den Salat am nächsten Tag aufbrauchen.

Linsen-Quinoa-Salat

Ein Salat, der lange satt macht und sich ganz unkompliziert transportieren lässt.
Bestens geeignet für die eigene Mittagspause.

FÜR 2 PORTIONEN

Für das Dressing
3 EL Rotweinessig
4 EL Olivenöl
1 EL Honig
½ TL gemahlener Kreuzkümmel
Salz
Frisch gemahlener
  schwarzer Pfeffer

Für den Salat
150 g Puy-Linsen
  (alternativ: Tellerlinsen)
1 rote Zwiebel
1 Knoblauchzehe
3 EL Olivenöl
1 TL gemahlener Kreuzkümmel
250 ml Gemüsebrühe
100 g rote Quinoa
250 g gekochte Rote Bete
  (vakuumverpackt)
100 g Feta
½ Bund glatte Petersilie
Salz
Frisch gemahlener
  schwarzer Pfeffer

Für das Dressing Essig, Öl, Honig und Kreuzkümmel in einem Schraubglas à 950 ml verrühren. Mit Salz und Pfeffer abschmecken.

Die Linsen in ein Sieb geben, mit kaltem Wasser abspülen und abtropfen lassen. Die Zwiebel und den Knoblauch schälen und fein hacken. In einem großen Topf das Öl erhitzen und Zwiebel, Knoblauch und Kreuzkümmel ca. 1 Minute darin anschwitzen. Linsen zugeben, mit Wasser bedecken und nach Packungsanweisung bissfest garen.

In der Zwischenzeit in einem zweiten Topf die Gemüsebrühe aufkochen und die Quinoa darin nach Packungsanweisung bissfest garen.

Linsen und Quinoa abgetropft in eine Schüssel geben, mit dem Dressing vermengen und abkühlen lassen. Rote Bete und Feta grob würfeln. Petersilie abbrausen, trocken schütteln und grob hacken. Alle Salatzutaten mit dem Dressing vermengen. Mit Salz und Pfeffer abschmecken. Je nach Belieben noch etwas Essig oder Öl zugeben.

Den Linsen-Quinoa-Salat auf zwei oder drei kleine Schraubgläser verteilen oder in ein großes Glas füllen. Gut verschließen, kühl stellen und den Salat innerhalb von 3 Tagen aufbrauchen.

Gedünstete Koriandermöhren mit Feldsalat

Mit etwas Vanille und Koriander schmecken heimische Möhren wie aus 1001 Nacht. Ein frischer und durch die Gewürze zugleich wärmender Salat für graue Wintertage.

FÜR 1 PORTION

Für das Dressing
2 EL Zitronensaft
3 EL Olivenöl
1 EL Honig
Salz
Frisch gemahlener
   schwarzer Pfeffer

Für den Salat
1–2 Möhren
1 EL Olivenöl
½ TL ganze Koriandersamen
½ TL gemahlene
   Bourbon-Vanille
1 TL Honig
1 Handvoll Feldsalat
100 g Feta
Salz
Frisch gemahlener
   schwarzer Pfeffer

Für das Dressing Zitronensaft, Öl und Honig in einem Schraubglas à 950 ml verrühren. Mit Salz und Pfeffer würzen.

Die Möhren schälen und mit dem Sparschäler in dünne lange Streifen schneiden. In einer großen Pfanne das Öl erhitzen und die Koriandersamen ca. 1 Minute darin rösten, dann Möhren und Vanille zugeben. Mit Honig beträufeln und alles 3–5 Minuten anbraten. In eine Schüssel geben und abkühlen lassen. Mit Salz und Pfeffer würzen.

Den Feldsalat gut waschen und gründlich trocken schleudern. Den Feta in grobe Würfel schneiden.

Zuerst die Möhren zu dem Dressing ins Glas geben. Dann den Feta darauf verteilen. Zuletzt den Feldsalat einschichten. Das Schraubglas gut verschließen, kühl stellen und den Salat am nächsten Tag verzehren.

TIPP

Da Feldsalat sehr schnell zusammenfällt, bietet es sich an, zuerst den Feta und dann das Grün einzuschichten. Bei robusteren Salatsorten kann man den Käse oder schwerere Zutaten wie z. B. Nüsse oder Sprossen auch problemlos als Topping auf die Blätter geben.

Kartoffel-Radicchio-Salat

Kartoffelsalat mal anders! Gepaart mit bitter-würzigem Radicchio und einem süß-sauren Dressing kommt die Knolle modern-leicht daher.

FÜR 2 PORTIONEN

Für das Dressing
2 EL heller Balsamicoessig
3 EL Sonnenblumenöl
1 EL Senf
2 EL Ahornsirup
Salz
Frisch gemahlener
   schwarzer Pfeffer

Für den Salat
300 g festkochende Kartoffeln
1 Zwiebel
½ Bund Thymian
1 EL Olivenöl
100 ml Gemüsebrühe
1 Handvoll Radicchio
Salz
Frisch gemahlener
   schwarzer Pfeffer

Für das Dressing Essig, Öl, Senf und Ahornsirup in einem Schraubglas à 950 ml glatt rühren. Mit Salz und Pfeffer abschmecken.

Die Kartoffeln in kochendem Salzwasser je nach Größe in 20–30 Minuten garen. Sie sollten noch eine gewisse Festigkeit haben. In der Zwischenzeit die Zwiebel schälen und fein würfeln. Thymian abbrausen, trocken schütteln und die Blättchen abzupfen. Das Öl in einer kleinen Pfanne erhitzen und die Zwiebeln zusammen mit einigen Blättchen Thymian darin glasig andünsten. Mit Gemüsebrühe ablöschen, vom Herd nehmen und lauwarm abkühlen lassen. Radicchio putzen und die Blätter in grobe Stücke zupfen.

Kartoffeln abgießen, kurz ausdampfen lassen, pellen und in grobe Scheiben schneiden. Mit dem Dressing in einer Schüssel vermengen. Den Radicchio zugeben und die noch warme Gemüsebrühe zugießen. Mit dem restlichen Thymian bestreuen. Alles gut vermengen, mit Salz und Pfeffer abschmecken und auf zwei Schraubgläser verteilen oder in ein großes Glas füllen. Gut verschließen, kühl stellen und den Salat innerhalb von 2 Tagen aufbrauchen.

TIPP

Am besten schmeckt der Salat wenn er zimmerwarm ist. Daher sollte er mind. 1 Stunde vor dem Verzehr aus dem Kühlschrank genommen werden.

Spargelsalat mit Erdbeeren und Parmesan

Während der Saison gibt es allerorten kleine Stände, die Spargel und Erdbeeren von regionalen Höfen anbieten. Nach der Arbeit kannst du dort ganz entspannt einkaufen und dir Zuhause einen köstlichen Frühlingssalat für den nächsten Tag zubereiten. Einfacher geht's nicht!

FÜR 1 PORTION

Für das Dressing
2 EL Zitronensaft
3 EL Olivenöl
1 TL Senf
1 EL Honig
Salz
Frisch gemahlener
   schwarzer Pfeffer

Für den Salat
½ Bund grüner Spargel
2 EL Olivenöl
Abrieb von ½ Bio-Zitrone
Salz
Frisch gemahlener
   schwarzer Pfeffer
1 Handvoll Erdbeeren
1 Handvoll Babyspinat
20 g Parmesan

Für das Dressing Zitronensaft, Öl, Senf und Honig in einem Schraubglas à 950 ml glatt rühren. Mit Salz und Pfeffer abschmecken.

Den Spargel waschen, trocken tupfen und die holzigen Enden abbrechen. Die Stangen in 3–4 cm lange Stücke schneiden. Das Öl in einer Pfanne erhitzen und den Spargel darin in 10–15 Minuten goldbraun braten. Zitronenabrieb untermengen und mit Salz und Pfeffer würzen. Erdbeeren waschen, den Kelch herausschneiden und je nach Größe halbieren oder vierteln. Spinat gründlich waschen und trocken schleudern. Den Parmesan hobeln.

Zuerst den Spargel zum Dressing in das Glas geben. Dann die Erdbeeren und danach den Babyspinat einschichten. Zuletzt die Parmesanhobel auf dem Salat verteilen. Das Glas gut verschließen, über Nacht kühl stellen und den Salat am nächsten Tag aufbrauchen.

TIPP

Wer mag, gibt noch ein paar geröstete Pistazienkerne oder Walnüsse dazu.

Salat mit Kürbis und Mozzarella

Wenn im Herbst die Tage kürzer und dunkler werden, bringt das satte Orange von Kürbissen etwas Farbe in die Mittagspause. Ein Salat, der zufrieden und satt macht!

FÜR 1 PORTION

Für das Dressing
2 EL Zitronensaft
3 EL Olivenöl
1 TL Kürbiskernöl
1 EL Honig

Für den Salat
¼ Hokkaido-Kürbis (ca. 250 g)
1 EL Olivenöl
1 TL Zimt
Salz
Frisch gemahlener
schwarzer Pfeffer
1 Handvoll gemischte
Blattsalate (z. B. Ruccola,
Babyspinat, Radicchio)
60 g Mozzarella
1 Handvoll Kürbiskerne

Den Backofen auf 200 °C vorheizen.

Für das Dressing Zitronensaft, beide Öle und Honig in einem Schraubglas à 950 ml glatt rühren. Mit Salz und Pfeffer abschmecken.

Den Kürbis gründlich waschen, entkernen und das Fruchtfleisch grob würfeln. Auf ein mit Backpapier ausgelegtes Backblech geben, mit Öl beträufeln und mit Zimt, Salz und Pfeffer würzen. Mit den Händen vermengen. Im heißen Ofen unter gelegentlichem Wenden in 20–30 Minuten goldbraun rösten. In der Zwischenzeit den Salat waschen und trocken schleudern. Mozzarella grob würfeln.

Zuerst den Kürbis zum Dressing in das Glas geben. Dann den Salat und die Mozzarellawürfel einschichten. Zum Schluss die Kürbiskerne darüberstreuen. Das Glas gut verschließen, über Nacht kühl stellen und den Salat am nächsten Tag aufbrauchen.

TIPP

Den restlichen Kürbis kann man für das Kichererbsencurry (S.90) verwenden oder aber auch für das Ofengemüse mit Halloumi (S.94).

Artischockensalat mit Wirsing und Kapern

Wirsing wird fast das ganze Jahr über frisch angeboten, im Frühjahr sind die Kohlköpfe etwas zarter im Geschmack, im Herbst etwas kräftiger. In ein wenig Butter oder Öl gedünstet, schmeckt er jedes Mal unwiderstehlich gut. Bei den Artischockenherzen lohnt es sich, auf gute Qualität ohne Zusatzstoffe zu achten. Solltest du mal etwas mehr Zeit haben, kannst du das Gemüse natürlich auch frisch zubereiten.

FÜR 1 PORTION

Für das Dressing
2 EL Zitronensaft
3 EL Olivenöl
1 TL Senf
1 EL Ahornsirup
Salz
Frisch gemahlener
  schwarzer Pfeffer

Für den Salat
1 Frühlingszwiebel
100 g Wirsing
2 EL Olivenöl
Salz
Frisch gemahlener
  schwarzer Pfeffer
1 Romanasalat
1 Handvoll Haselnüsse
100 g Artischockenherzen,
  abgetropft (Glas)
1 EL Kapern

Für das Dressing Zitronensaft, Öl, Senf und Ahornsirup in einem Schraubglas à 950 ml verrühren. Mit Salz und Pfeffer abschmecken.

Frühlingszwiebel putzen und in feine Ringe schneiden. Den Wirsing waschen, trocken schütteln und in feine Streifen schneiden. Das Öl in einer Pfanne erhitzen und den Wirsing zusammen mit den Frühlingszwiebeln darin 3–5 Minuten andünsten. Mit Salz und Pfeffer würzen. Den Salat putzen, trocken schleudern und die Blätter in grobe Stücke zupfen. Die Haselnüsse in einer Pfanne ohne Fett goldbraun rösten, die Haut mit einem Küchenhandtuch abrubbeln, die Nüsse grob hacken und abkühlen lassen.

Die Artischockenherzen zum Dressing in das Glas geben. Dann den Wirsing und den Romanasalat einschichten. Die Kapern auf dem Salat verteilen und zuletzt mit den gerösteten Haselnüssen bestreuen. Das Glas gut verschließen und über Nacht kühl stellen. Den Salat am nächsten Tag aufbrauchen.

Graupensalat mit Granatapfel und Ziegenkäse

Graupen sind bei der älteren Generation als fades Nachkriegsessen verschrien. Lass dich davon nicht abhalten und trau dich! Richtig gewürzt schmecken die Gerstenkörner in Suppen, als Risotto und – wer hätte es gedacht – als Hauptzutat im Salat.

FÜR 2 PORTIONEN

Für das Dressing
**Saft und Abrieb von
  1 Bio-Zitrone
4–6 EL Olivenöl
2 EL Granatapfelsirup
Salz
Frisch gemahlener
  schwarzer Pfeffer**

Für den Salat
**200 g Perlgraupen
½ Granatapfel
100 g Ziegenkäserolle
½ Bund Minze**

Für das Dressing Zitronensaft und -abrieb sowie Öl und Granatapfelsirup in einem Schraubglas à 950 ml verrühren. Mit Salz und Pfeffer abschmecken.

Die Graupen nach Packungsanweisung bissfest garen. In einem Sieb kalt abschrecken und abtropfen lassen, dann in einer Schüssel mit dem Dressing vermengen. Den Granatapfel entkernen. Gegebenenfalls austretenden Saft auffangen und zu den Graupen geben. Ziegenkäse mit den Händen zerbröseln. Die Minze abbrausen, trocken schütteln und die Blättchen grob hacken.

Granatapfelkerne, Ziegenkäse und Minze zu den Graupen geben und alles gut vermengen. Den Salat auf zwei Schraubgläser verteilen oder in ein großes Glas füllen, über Nacht kühl stellen und innerhalb von 2 Tagen aufbrauchen.

TIPP

Anstelle von Graupen kannst du auch Couscous oder Bulgur und für eine glutenfreie Variante Quinoa oder Hirse verwenden.

Asia-Glasnudelsalat

Erfrischend und mit allerhand gesunden Zutaten ist dieser Salat genau das Richtige, um dich in der Pause für all das zu stärken, was noch kommen mag.

FÜR 1 PORTION

Für das Dressing
2 EL Limettensaft
3 EL Sesamöl
1 EL Ahornsirup
½ TL Chiliflocken
1 EL Sojasauce
½ TL gemahlener Kreuzkümmel
Salz
Frisch gemahlener
  schwarzer Pfeffer

Für den Salat
50 g Glasnudeln
½ Brokkoli (ca. 250 g)
1 Handvoll Erbsen (TK)
½ Avocado
1 EL Zitronensaft
1 Handvoll Cashewkerne
1 EL Sesam

Limettensaft, Öl, Ahornsirup, Chiliflocken, Sojasauce und Kreuzkümmel in einem Schraubglas à 950 ml verrühren. Mit Salz und Pfeffer abschmecken.

Die Nudeln nach Packungsanweisung garen. Abgießen und mit kaltem Wasser abschrecken. Brokkoli putzen, den Strunk entfernen und in Röschen teilen. In Salzwasser ca. 3 Minuten blanchieren, nach 2 Minuten die Erbsen zugeben. Beides in Eiswasser abschrecken und in einem Sieb abtropfen lassen. Avocado schälen und grob würfeln. Sofort mit Zitronensaft beträufeln, damit sie nicht braun wird. In einer Pfanne ohne Fett die Cashewkerne und den Sesam nacheinander je 1–2 Minuten rösten.

Zuerst die Glasnudeln zum Dressing in das Glas geben, dann die Brokkoliröschen einschichten. Erbsen und Avocado nacheinander zugeben. Zum Schluss Cashewkerne und Sesam zufügen. Das Glas gut verschließen, kühl stellen und den Inhalt am nächsten Tag verzehren.

TIPP

Wer mag, kann anstelle von Erbsen auch Edamame verwenden. Edamame sind noch unreif geerntete Sojabohnen, die kurz blanchiert und dann aus den Schoten gelöst werden müssen. Sie haben einen süßlich-nussigen Geschmack und einen hohen Eiweißgehalt.

Zucchininudeln mit getrockneten Tomaten und Walnüssen

Für Low-Carb-Freunde und für große Gemüseliebhaber ist dieses Gericht ein neues Lieblingsrezept – ob in der Pause, beim Picknicken, ob kalt oder warm, ob als Vor- oder Hauptspeise. Es schmeckt frisch und leicht und ist gerade im Sommer ein purer Genuss!

ERGIBT 1 PORTION

1 große Zucchini
1 kleine Knoblauchzehe
4 getrocknete Tomaten
1 Handvoll Walnüsse
2 EL Olivenöl
Saft und Abrieb von
½ Bio-Zitrone
Salz
Frisch gemahlener
schwarzer Pfeffer
2–3 Stängel Minze

Die Zucchini mit einem Julienneschäler in feine Streifen schneiden. Knoblauch schälen und fein würfeln. Die Tomaten in feine Streifen schneiden. Die Walnüsse in einer Pfanne ohne Fett anrösten und grob hacken, abkühlen lassen. Das Öl in einer Pfanne erhitzen, den Knoblauch und die Tomaten darin kurz anschwitzen, mit Zitronensaft ablöschen. Dann Zitronenabrieb und Zucchininudeln zugeben und ca. 2 Minuten erwärmen, die Zucchini sollte noch etwas bissfest sein. Mit Salz und Pfeffer abschmecken.

Die Zucchininudeln in ein Schraubglas à 950 ml geben und abkühlen lassen. In der Zwischenzeit die Minze abbrausen, trocken schütteln und die Blättchen grob hacken. Die Walnusskerne auf die abgekühlten Zucchini geben, dann die Minze darauf verteilen. Über Nacht kühl stellen und die Zucchininudeln am nächsten Tag verzehren.

TIPP

Für mehr Abwechslung kannst du statt der Zucchini 1–2 Möhren verwenden.
Das Gemüse einfach schälen und mit einem Sparschäler in dünne Streifen schneiden.

Penne mit Kürbiskernpesto und Tomaten

In Pesto geschwenkte Nudeln sind ein zeitloser Klassiker der italienischen Küche. Als tolle vegane Variante können Kürbiskerne mit frischen Kräutern zu einem nussigen Pesto verarbeitet werden. Dann noch süße Tomaten und frisches Basilikum dazu – fertig ist die Tricolore für zwischendurch.

Für ca. 200 g Pesto

20 g Mandeln
30 g Kürbiskerne
½ Bund glatte Petersilie
½ Bund Basilikum
1 Knoblauchzehe
5 – 6 EL Olivenöl + etwas mehr
  zum Bedecken
1 EL Kürbiskernöl
1 EL Zitronensaft

FÜR 1 PORTION

---

100 g Penne
50 g Kirschtomaten
2 EL Olivenöl
2–3 Stängel Basilikum
Salz
Frisch gemahlener
  schwarzer Pfeffer
2–3 EL Kürbiskernpesto

Für das Pesto die Mandeln und Kürbiskerne in einer Pfanne ohne Fett rösten, abkühlen lassen. Petersilie und Basilikum abbrausen, trocken schütteln und die Blättchen abzupfen. Knoblauch schälen und grob hacken. Alles zusammen mit den restlichen Zutaten pürieren. Das Pesto in ein kleines Schraubglas füllen und mit etwas Öl bedecken. Kühl aufbewahren und innerhalb von 1 Woche aufbrauchen.

Die Nudeln in reichlich Salzwasser al dente garen. Abgießen und mit kaltem Wasser abschrecken. Mit wenig Olivenöl vermengen, damit sie nicht aneinanderkleben. Die Tomaten putzen und halbieren. Basilikum abbrausen, trocken schütteln und die Blättchen abzupfen.

In ein Schraubglas à 950 ml eine Portion Kürbiskernpesto geben. Dann zuerst die Nudeln, anschließend die Tomaten und zuletzt das Basilikum darauf verteilen. Das Glas gut verschließen, kühl stellen und die Nudeln am nächsten Tag aufbrauchen.

TIPP

Wer mag, kann anstelle von Basilikum auch frischen Rucola auf die Nudeln geben.

Hirse mit Blumenkohl, Granatapfel und Petersilie

Blumenkohl ist der Allrounder unter den Wintergemüsen. Man kann ihn klein gehackt als rohe Alternative zu Couscous servieren, schmoren und braten, aber vor allem kann man ihn rösten. Im Ofen entwickelt er eine ungeahnte Süße und schmeckt dann selbst jenen, die das Gemüse für gewöhnlich verschmähen. Durch die Zugabe von Kreuzkümmel wird er bekömmlicher.

FÜR 2 PORTIONEN

1 große Zwiebel
2 Knoblauchzehen
5 EL Olivenöl
100 ml Weißwein
100 g Hirse
200 ml Gemüsebrühe
40 g Parmesan
4 EL Zitronensaft
1/2 Blumenkohl (ca. 250 g)
4 Kardamomkapseln
2 TL Schwarzkümmel
Salz
Frisch gemahlener
  schwarzer Pfeffer
1 Granatapfel
1 Bund glatte Petersilie

Den Ofen auf 220 °C vorheizen.

Zwiebel und Knoblauch schälen und fein würfeln. 2 EL Öl in einem Topf erhitzen. Zwiebeln und Knoblauch darin glasig dünsten. Mit Weißwein ablöschen. Die Hirse zugeben und kurz dünsten. Gemüsebrühe zugießen und die Hirse in 10–15 Minuten bissfest garen. Parmesan grob reiben und mit der Hirse vermengen. Mit Zitronensaft abschmecken. Den Blumenkohl waschen und in kleine Röschen zerteilen. Die Kardamomsamen aus den Kapseln lösen und im Mörser fein zerstoßen. Den Blumenkohl mit dem restlichen Öl, Kardamom, Schwarzkümmel, Salz und Pfeffer vermengen und im Ofen in 25–30 Minuten goldbraun rösten. Vor dem Einschichten abkühlen lassen. In der Zwischenzeit den Granatapfel entkernen. Petersilie abbrausen, trocken schütteln und grob hacken.

Die Hirse auf zwei Schraubgläser verteilen. Den gerösteten Blumenkohl und die Granatapfelkerne einschichten. Zum Schluss die Petersilie darüberstreuen. Die Gläser gut verschließen, kühl stellen und den Inhalt innerhalb von 2 Tagen aufbrauchen. Nach Belieben vor dem Verzehr kurz erwärmen.

Roter Reis mit Rosenkohl

Hat man einmal Rosenkohl in der Pfanne oder im Ofen geröstet, anstatt ihn in Wasser weich zu kochen, merkt man erst welches Potenzial in den kleinen Kohlsprossen steckt. Mit Rotem oder Wildem Reis und frischen Kräutern wird das Wintergemüse zum perfekten Begleiter für unterwegs.

FÜR 2 PORTIONEN

120 g Roter Reis oder Wildreis
Salz
Frisch gemahlener
   schwarzer Pfeffer
3 EL Butter
3 – 6 EL Semmelbrösel
Saft und Abrieb
   von 1 kleinen Bio-Zitrone
1 große Handvoll Rosenkohl
2 Schalotten
1 kräftiger Schuss Weißwein
2 EL Honig
10 getrocknete Tomaten
1 große Handvoll frische Kräuter
   (z. B. Minze, Basilikum,
   Petersilie)

Den Reis nach Packungsanweisung garen, abgießen und abtropfen lassen. Mit Salz und Pfeffer würzen. 1 EL Butter in einer Pfanne zerlassen und die Semmelbrösel darin goldbraun rösten. Zitronenabrieb untermengen, auf einem Teller abkühlen lassen. Rosenkohl putzen, dabei die äußeren Blätter und den Strunk entfernen, die Röschen halbieren. Schalotten schälen und würfeln.

Die übrige Butter in der Pfanne zerlassen und die Schalotten darin glasig andünsten. Mit Weißwein ablöschen. Rosenkohl zugeben, mit Honig beträufeln und in 5 – 8 Minuten unter gelegentlichem Wenden bräunen. Zitronensaft darüberträufeln und gegebenenfalls etwas Wasser zugießen, damit ein wenig Sauce entsteht. Vom Herd nehmen und abkühlen lassen. Mit Salz und Pfeffer abschmecken. Getrocknete Tomaten in grobe Stücke scheiden. Kräuter abbrausen, trocken schütteln, die Blättchen abzupfen und grob hacken.

Den Reis auf zwei Schraubgläser à 950 ml verteilen, dann zuerst den Rosenkohl und anschließend die getrockneten Tomaten und die Zitronenbrösel einschichten. Zuletzt die Kräuter darübergeben. Die Gläser gut verschließen und kühl stellen. Innerhalb von 2 Tagen aufbrauchen. Nach Belieben vor dem Verzehr kurz erwärmen.

TIPP

Da Wildreis eine sehr lange Garzeit hat, bietet es sich an, eine größere Menge zu kochen. Man kann ihn abends lecker mit frischem Gemüse genießen, anbraten oder einen Wildreissalat für den nächsten Tag zubereiten.

Kräuter-Bulgur mit Romanesco

Romanesco ist eine Variante des Blumenkohls und liefert sogar noch mehr Vitamin C als die herkömmliche weiße Sorte. Außerdem zählt er wegen seiner geometrischen Struktur zu den schönsten Gemüsen der Welt. Im Bulgursalat macht er neben Sesam und selbstgemachtem Kräuteröl eine besonders gute Figur.

FÜR 1–2 PORTIONEN

80 g Bulgur
½ Romanesco (ca. 250 g)
2 EL weißer Sesam
1–2 Frühlingszwiebeln
1 Schalotte
1 kleine rote Chili
1 EL Butter
Salz
Frisch gemahlener
   schwarzer Pfeffer

Für das Kräuteröl
2–3 Stängel Petersilie
2–3 Stängel Minze
4 EL Olivenöl
Saft und Abrieb
   von 1 Bio-Limette

Bulgur nach Packungsanweisung bissfest garen. Romanesco putzen, Strunk entfernen und in Röschen teilen. 2–3 Minuten in kochendem Salzwasser blanchieren, dann in Eiswasser abschrecken. So behält er seine satte grüne Farbe. Sesam in einer Pfanne ohne Fett goldbraun rösten, auf einem Teller abkühlen lassen. Frühlingszwiebeln putzen, Schalotte schälen und beides in feine Ringe schneiden. Chili entkernen und in feine Streifen schneiden. Die Butter in einer Pfanne zerlassen, Frühlingszwiebeln, Schalotten und Chili darin glasig andünsten. Bulgur zugeben und kurz mitanbraten. Mit Salz und Pfeffer abschmecken.

Für das Kräuteröl die Kräuter abbrausen, trocken schütteln und grob hacken. Zusammen mit dem Öl sowie dem Limettensaft und -abrieb fein pürieren. Zum Bulgur geben und alles gut vermengen.

Den Bulgur auf zwei Schraubgläser verteilen oder in ein großes Glas füllen, den Romanesco einschichten. Gut verschließen, kühl stellen und den Bulgur innerhalb von 2 Tagen aufbrauchen.

TIPP

Wer mag, mengt noch eine Handvoll süßsaurer Früchte wie z. B. getrocknete Cranberrys, Berberitzen oder Sauerkirschen unter.

Sommersalat

Frische Zucchini, knackiger Salat und süße Beeren – das ist Sommer pur! Zurücklehnen, die Sonne ins Herz lassen und genießen!

FÜR 1 PORTION

Für das Dressing
2 EL Balsamicoessig
3 EL Olivenöl
1–2 EL Granatapfelsirup
1 TL Senf
Salz
Frisch gemahlener
  schwarzer Pfeffer

Für den Salat
1 kleine Zucchini
1 Handvoll gemischte Blattsalate
  (z. B. Rucola, Babyspinat)
1 Handvoll frische Beeren
  (z. B. Erdbeeren, Himbeeren,
  Blaubeeren)
1 Handvoll Cashewkerne
1 Handvoll milde Sprossen
  (z. B. Alfalfa, Mungbohnen)

Für das Dressing Essig, Öl, Granatapfelsirup und Senf in einem Schraubglas à 950 ml verrühren. Mit Salz und Pfeffer abschmecken.

Die Zucchini mit einem Julienneschäler in feine Streifen schneiden. Den Salat waschen und trocken schleudern. Die Beeren putzen. Die Cashewkerne in einer Pfanne ohne Fett goldbraun rösten und abkühlen lassen. Die Sprossen mit kaltem Wasser abspülen und gut abtropfen lassen.

Die Zucchini zum Dressing in das Glas geben. Dann den Salat, die Beeren, die Cashewkerne und schließlich die Sprossen einschichten. Das Glas gut verschließen, über Nacht kühl stellen und den Salat am nächsten Tag verzehren.

TIPP

Statt der Cashewkerne kannst du auch Pinienkerne, Haselnüsse oder Walnüsse verwenden.

Rotkohl-Birnen-Salat mit Ziegenkäse

Viele kennen Rotkohl nur als deftige Beilage, klassisch geschmort in Apfelsaft. Dabei macht sich das Wintergemüse prima als knackige Zutat in Rohkost-Salaten. Wenn du den Kohl nach dem Schneiden knetest, brechen die Zellwände auf und er ist leichter verdaulich.

FÜR 1 PORTION

Für das Dressing
2 EL Apfelessig
3 EL Walnussöl
  (alternativ: Sonnenblumenöl)
Salz
Frisch gemahlener
  schwarzer Pfeffer

Für den Salat
100 g Rotkohl
1 Prise Salz
1 kleine Birne
1 EL Zitronensaft
100 g Ziegenkäserolle
1 Handvoll Walnüsse
2 EL Honig

Für das Dressing Essig, Öl, Salz und Pfeffer in einem Schraubglas à 950 ml verrühren.

Den Rotkohl in sehr feine Streifen schneiden oder fein hobeln, mit 1 Prise Salz in eine Schüssel geben und mindestens 1 Minute mit den Händen kneten. Die Birne putzen, entkernen und in dünne Spalten schneiden. Mit dem Zitronensaft beträufeln. Den Ziegenkäse in feine Scheiben schneiden. Die Walnüsse in einer Pfanne ohne Fett kurz anrösten, Honig zugeben und die Nüsse karamellisieren lassen. Auf Backpapier abkühlen lassen.

Zuerst die Birne zum Dressing in das Glas geben. Dann den Rotkohl und den Ziegenkäse darauf verteilen. Zum Schluss die Walnüsse einschichten und das Glas gut verschließen. Über Nacht kühl stellen und den Inhalt am nächsten Tag aufbrauchen.

Radicchio-Zucchinisalat mit gerösteten Haselnüssen

Schlapper Eisbergsalat mit wässrigen Tomaten war gestern. Dieser Salat ist eine echte Geschmacksexplosion und so lecker, dass du ihn immer und immer wieder essen möchtest – in der Mittagspause, auf langen Zugfahrten, am Strand, in einem Liegestuhl draußen im Garten…

FÜR 1 PORTION

Für das Dressing
2 EL Zitronensaft
Abrieb von ½ Bio-Zitrone
3 EL Olivenöl
1 EL Honig
Salz
Frisch gemahlener
  schwarzer Pfeffer

Für den Salat
1 Zucchini
1 EL Sonnenblumenöl
Salz
Frisch gemahlener
  schwarzer Pfeffer
1 Handvoll Radicchio
½ Bund Minze
20 g Parmesan
1 Handvoll Haselnüsse
1 EL Honig

Für das Dressing Zitronensaft- und abrieb mit Öl und Honig in einem Schraubglas à 950 ml verrühren. Mit Salz und Pfeffer abschmecken.

Die Zucchini putzen, und in ca. 3 mm dicke Scheiben schneiden. Das Öl in einer Pfanne erhitzen und die Zucchini darin 5–10 Minuten goldbraun braten. Die gebratene Zucchini zum Dressing geben und beides miteinander vermengen, mit Salz und Pfeffer abschmecken, abkühlen lassen.

Radicchio waschen, trocken schleudern und die Blätter in grobe Stücke zupfen. Minze abbrausen, trocken schütteln, die Blättchen abzupfen und grob hacken. Parmesan fein hobeln. Haselnüsse in einer Pfanne ohne Fett rösten, herausnehmen und die Haut mit einem Küchentuch abrubbeln. Die Nüsse grob hacken, zurück in die Pfanne geben und mit dem Honig karamellisieren lassen. Auf Backpapier abkühlen lassen.

Zuerst den Radicchio zu der Zucchini ins Glas geben, anschließend den Parmesan und dann die Haselnüsse einschichten. Zum Schluss die Minze zugeben. Das Glas gut verschließen, kühl stellen und den Salat am nächsten Tag aufbrauchen.

Zitronen-Quinoa mit Brokkoli und Cranberrys

Quinoa bringt alles mit, was du in deiner wohlverdienten Pause gut gebrauchen kannst: Eiweiß, Vitamine und Mineralstoffe in Hülle und Fülle. Zitrone, Brokkoli, Mandeln und Co. tun ihr Übriges, um dir mit nur einer Mahlzeit genug Energie für den restlichen Tag zu liefern.

FÜR 2 PORTIONEN

100 g weiße Quinoa
Saft und Abrieb
  von 1 kleinen Bio Zitrone
4 EL Olivenöl
Salz
Frisch gemahlener
  schwarzer Pfeffer
1 Brokkoli
100 g Feta
1 große Handvoll Cranberrys
1 Handvoll Mandelblättchen
3 TL Honig

Quinoa nach Packungsanweisung bissfest garen. Zitronensaft- und abrieb sowie das Öl mit der Quinoa vermengen, mit Salz und Pfeffer würzen. Brokkoli putzen und in Röschen teilen. Ca. 2 Minuten in kochendem Salzwasser blanchieren, abgießen und in Eiswasser abschrecken. Feta würfeln, die Cranberrys grob hacken. Mandelblättchen mit dem Honig in einer Pfanne karamellisieren.

Quinoa auf zwei Schraubgläser à 950 ml verteilen, dann den Brokkoli und anschließend Feta und Cranberrys einschichten. Zum Schluss die Mandelblättchen darüberstreuen. Die Gläser gut verschließen, kühl stellen und innerhalb der nächsten 2 – 3 Tage verbrauchen.

TIPP

Der Brokkoli lässt sich auch gut durch anderes saisonales Gemüse ersetzen, z. B. durch grünen Spargel oder Fenchel. Außerdem schmeckt Avocado prima zu Quinoa.

Italienischer Couscoussalat

In Nordafrika ist Couscous eines der wichtigsten Grundnahrungsmittel und wird dort als Beilage zu geschmortem Gemüse oder Fleisch serviert. Während traditionell über dem Feuer gedämpfter Couscous einige Zeit in Anspruch nimmt, eignet sich die Instant-Variante hervorragend für die schnelle Küche. Mit aromatischen Tomaten, Kapern und Rucola erinnert er an einen italienischen Sommer…

FÜR 1 PORTION

70 g Couscous
3 EL Olivenöl
Saft und Abrieb von
  ½ Bio-Zitrone
Salz
Frisch gemahlener
  schwarzer Pfeffer
150 g Kirschtomaten
1 Schalotte
1 TL Rohrohrzucker
1 EL Balsamicoessig
1 Handvoll Rucola
1 EL Kapern

Den Couscous nach Packungsanweisung in heißem Wasser quellen lassen. 2 EL Öl, Zitronensaft und -abrieb zugeben und mit einer Gabel auflockern. Mit Salz und Pfeffer würzen. Die Tomaten putzen und halbieren. Die Schalotte schälen und fein würfeln.

In einer Pfanne das übrige Öl erhitzen und die Schalotten darin glasig dünsten. Den Zucker zugeben und karamellisieren lassen. Dann die Tomaten zufügen und kurz braten. Mit dem Balsamicoessig ablöschen. Mit Salz und Pfeffer abschmecken. Die Pfanne vom Herd nehmen und die Tomaten abkühlen lassen. Rucola waschen und trocken schleudern.

Den Couscous in ein Schraubglas à 950 ml füllen. Zuerst die Tomaten, dann den Rucola einschichten. Zum Schluss die Kapern darüberstreuen. Das Glas gut verschließen, kühl stellen und den Salat am nächsten Tag aufbrauchen.

TIPP

Damit der Couscous schön locker wird, sollte er während des Quellvorgangs mehrmals mit einer Gabel aufgelockert werden. Für eine glutenfreie Variante kannst du auch Hirse verwenden.

Suppen und andere Lunchideen

Suppen, Eintöpfe und Schmorgerichte lassen sich prima vorbereiten und eignen sich bestens, um übrig gebliebenes Gemüse zu verwenden. Je nach Jahreszeit und Stimmung gibt es pikante Eintöpfe, eine leichte Gazpacho oder süß-saure Auberginen-Caponata.

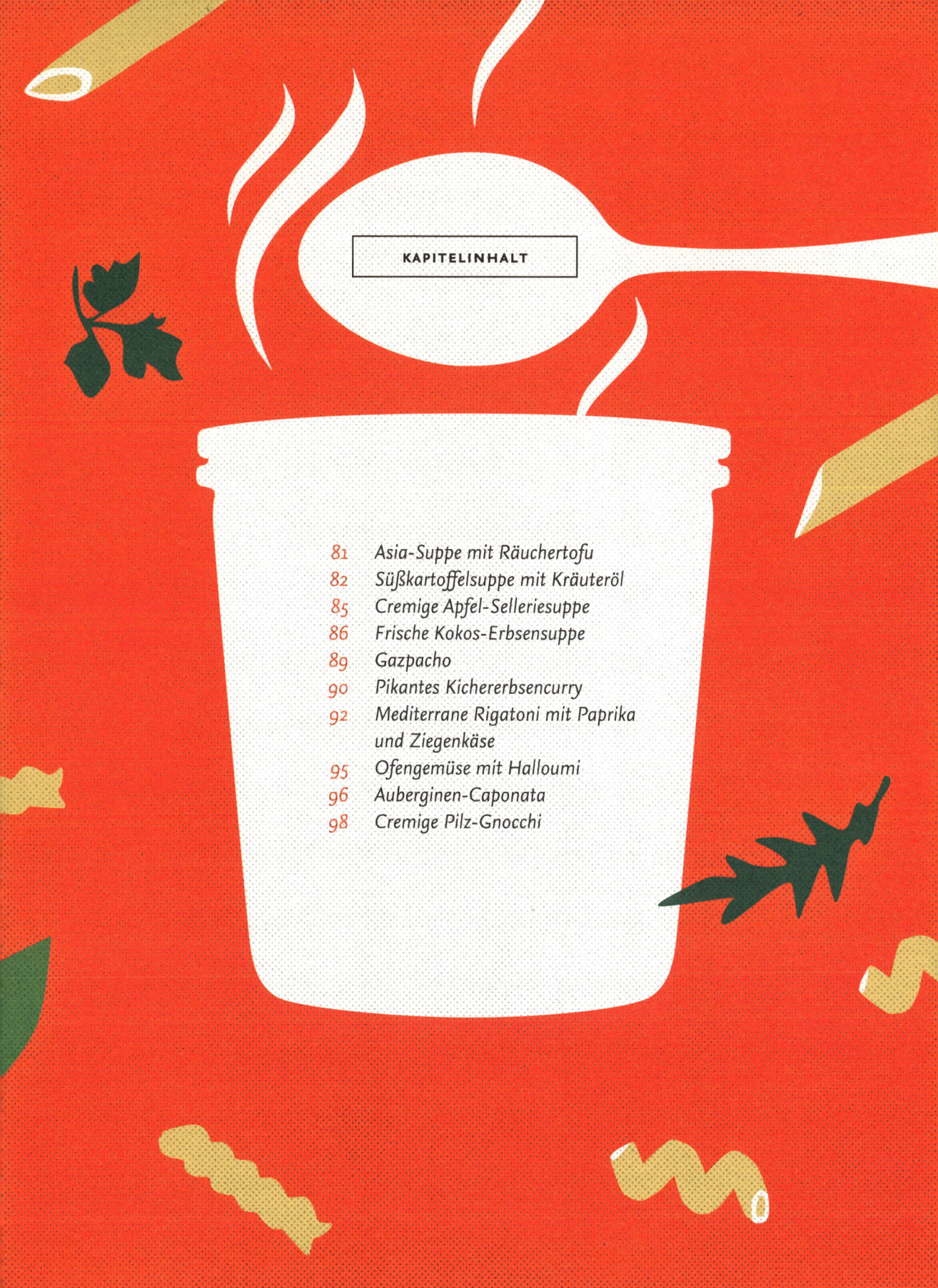

KAPITELINHALT

Asia-Suppe mit Räuchertofu

Die moderne Instant-Suppe kommt nicht aus dem Supermarkt, sondern aus deiner eigenen Küche – mit frischem Gemüse und ordentlich Geschmack. Einfach kochendes Wasser ins Glas gießen, die Suppe ziehen lassen und fertig. Wer keinen Wasserkocher parat hat, kann auch heißes Wasser in eine Thermoskanne füllen und mitnehmen.

FÜR 1 PORTION

50 g Mie-Nudeln
1 Möhre
5 Zuckerschoten
1 kleine rote Chilischote
1 Frühlingszwiebel
100 g Räuchertofu
2–3 Stängel Koriander
1 ½ EL Gemüsebrühe-Pulver
1 EL Sojasauce

Mie-Nudeln mit der Hand in grobe Stücke brechen. Möhre putzen, schälen und mit dem Messer oder mit dem Julienne-schäler in sehr feine Streifen schneiden. Dann Zuckerschoten, Chili und Frühlingszwiebel putzen und in hauchdünne Streifen schneiden. Räuchertofu fein würfeln. Koriander abbrausen, trocken schütteln und die Blättchen grob hacken.

Zuerst das Gemüsebrühe-Pulver und die Sojasauce in ein Schraubglas à 950 ml geben. Dann die Nudeln, das Gemüse sowie den Räuchertofu hineinfüllen. Zum Schluss den Koriander zugeben. Das Glas gut verschließen, kühl stellen und die Suppe innerhalb von 3 Tagen aufbrauchen. Zum Verzehr das Glas mit kochendem Wasser auffüllen, verschließen und die Suppe ca. 5 Minuten ziehen lassen. Einmal gut durchschütteln und heiß genießen!

TIPP

Du kannst für diese Suppe fast jedes Gemüse verarbeiten, sehr lecker schmecken zum Beispiel auch Paprika, Erbsen, Chinakohl und Pilze. Wer mag, verfeinert die Suppe noch mit etwas Misopaste.

Süßkartoffelsuppe mit Kräuteröl

Eine ordentliche Portion Gewürze sorgt hier für eine kleine Geschmacksexplosion und wärmt dich an kalten Tagen von innen. Das Kräuteröl ist mehr als du für 2 Portionen benötigst, hält sich aber gut verschlossen im Kühlschrank bis zu 5 Tage. Du kannst andere Salate damit verfeinern, gegrilltes Gemüse marinieren, es mit etwas geriebenem Käse und Nüssen zu Pesto abwandeln oder einfach leckeres Brot hineintunken.

Für ca. 150 ml Kräuteröl
½ Bund glatte Petersilie
½ Bund Dill
1 TL Chiliflocken
1 EL Zitronensaft
125 ml Olivenöl und etwas
   mehr zum Bedecken
Salz
Frisch gemahlener
   schwarzer Pfeffer

FÜR 2 PORTIONEN

2 kleine Süßkartoffeln
1 Möhre
1 Stück Ingwer (ca. 2 cm)
1 Zwiebel
2 EL Kokosöl
1 TL gemahlener Kreuzkümmel
1 TL Zimt
1 TL gemahlener Koriander
700 ml Gemüsebrühe
Salz
Frisch gemahlener
   schwarzer Pfeffer
1–2 EL Kräuteröl

Für das Kräuteröl die Kräuter abbrausen, trocken schütteln und die Blättchen abzupfen. Die Kräuter in einem Behälter mit Chiliflocken, Zitronensaft und Öl vermengen und alles fein pürieren. Mit Salz und Pfeffer abschmecken, in ein steriles Schraubglas füllen und mit Öl bedecken. Kühl stellen.

Die Süßkartoffeln und die Möhre putzen, schälen und grob würfeln. Den Ingwer und die Zwiebel ebenfalls schälen und fein würfeln. Das Kokosöl in einem großen Topf erhitzen. Ingwer, Zwiebeln, Kreuzkümmel, Zimt und Koriander ca. 1 Minute darin anschwitzen beziehungsweise rösten. Das Gemüse zugeben und kurz mitdünsten. Mit Gemüsebrühe ablöschen. Aufkochen lassen, die Hitze reduzieren und 25–30 Minuten garen lassen. Mit dem Stabmixer alles fein pürieren und mit Salz und Pfeffer abschmecken. Bei Bedarf noch etwas Gemüsebrühe zugeben.

Die Suppe auf zwei Schraubgläser verteilen oder in ein großes Glas füllen. Gut verschließen, kühl stellen und die Suppe innerhalb von 3 Tagen aufbrauchen. Das Kräuteröl in einem separaten Glas mitnehmen. Die Suppe kurz vor dem Verzehr in einem Topf erwärmen und mit 1–2 Kräuteröl beträufeln.

Cremige Apfel-Selleriesuppe

Zusammen mit der leichten Säure des Apfels wird aus dem typischen Suppengemüse ein aromatischer Seelenwärmer, der auch noch richtig viele Vitamine im Gepäck hat. Anstelle von Sahne sorgen hier Mandeln für eine cremige Konsistenz und liefern zusätzliche Kraft und Konzentration für den Neustart nach der Pause.

FÜR 2 PORTIONEN

100 g Sellerie
2–3 festkochende Kartoffeln
1 Apfel
1 Frühlingszwiebel
2 EL Olivenöl
1 Schuss Weißwein
400 ml Gemüsebrühe
50 g gemahlene Mandeln
Salz
Frisch gemahlener
  schwarzer Pfeffer

Sellerie und Kartoffeln schälen und grob würfeln. Den Apfel schälen, vom Kerngehäuse befreien und grob würfeln. Frühlingszwiebel putzen und in feine Ringe schneiden. Das Öl in einem Topf erhitzen und die Frühlingszwiebel darin glasig andünsten. Sellerie, Kartoffeln und Apfel zugeben, kurz mitdünsten. Mit Weißwein ablöschen. Die Gemüsebrühe zugießen und alles 20–25 Minuten bei niedriger Hitze köcheln lassen. Den Topf vom Herd nehmen, Mandeln zugeben und mit dem Stabmixer fein pürieren. Bei Bedarf noch etwas Flüssigkeit zufügen. Mit Salz und Pfeffer abschmecken.

Die Suppe auf zwei Schraubgläser verteilen oder in ein großes Glas füllen. Gut verschließen, kühl stellen und den Inhalt innerhalb von 3 Tagen aufbrauchen. Kurz vor dem Verzehr in einem Topf erwärmen, dabei nicht aufkochen lassen.

TIPP

Als Topping schmeckt etwas frische Gartenkresse! Wer mag, kann Kresse Zuhause oder im Büro sogar ganz einfach selbst züchten.

Frische Kokos-Erbsensuppe

Einen deftigen Erbseneintopf gab's früher bei Oma, die Variante mit Kokosmilch, Limette und frischer Zitronenmelisse ist erheblich leichter, bestens geeignet für warme Tage und erinnert an einen Urlaub in Fernost.

FÜR 2 PORTIONEN

2 Frühlingszwiebeln
2 EL Olivenöl
400 g Erbsen (TK)
450 ml Gemüsebrühe
1 Bund Zitronenmelisse
150 g Kokosmilch
2 EL Limettensaft
Salz
**Frisch gemahlener
 schwarzer Pfeffer**

Die Frühlingszwiebeln putzen und in feine Ringe schneiden. Das Öl in einer Pfanne erhitzen und die Frühlingszwiebeln darin kurz andünsten. Die Erbsen zugeben und kurz mitdünsten. Mit der Gemüsebrühe ablöschen und bei mittlerer Hitze ca. 5 Minuten köcheln lassen. Mit dem Stabmixer alles sehr fein pürieren. Zitronenmelisse abbrausen, trocken schütteln und die Blättchen grob hacken. Den Topf vom Herd nehmen. Zitronenmelisse, Kokosmilch und Limettensaft zufügen und erneut pürieren. Alles mit Salz und Pfeffer abschmecken.

Die Suppe auf zwei Schraubgläser verteilen oder in ein großes Glas füllen. Gut verschließen, kühl stellen und den Inhalt innerhalb von 3 Tagen aufbrauchen. Vor dem Verzehr in einem Topf erwärmen, nicht kochen.

TIPP

Anstelle von Zitronenmelisse kannst du auch frische Minze verwenden.

Gazpacho

Der aromatische Klassiker aus Andalusien wird traditionell eiskalt serviert. Eine angenehme Erfrischung für alle, die auch an heißen Tagen nicht auf eine schnell gemixte Suppe verzichten möchten. Bei den Tomaten solltest du die aromatischsten und süßesten verwenden, die du finden kannst.

FÜR 2 PORTIONEN

200 g Weißbrot vom Vortag

3–4 reife Tomaten

½ Gurke

1 rote Paprika

1 Knoblauchzehe

4 EL Olivenöl

3 EL Sherry- oder Rotweinessig

200 g passierte Tomaten

2 EL Zitronensaft

Salz

Frisch gemahlener
  schwarzer Pfeffer

Das Weißbrot entrinden, grob würfeln und in ca. 80 ml kaltem Wasser einweichen. Tomaten putzen und vierteln. Gurke schälen und grob zerkleinern. Paprika längs halbieren, von Samen sowie Scheidewänden befreien und ebenfalls grob zerkleinern. Knoblauch schälen und grob hacken. Gemüse, Knoblauch, Öl, Essig und passierte Tomaten in den Behälter eines Standmixers oder in eine hohe Schüssel geben. Einen ordentlichen Schuss Wasser zugießen und alles fein und sämig pürieren. Anschließend das Brot zugeben und erneut pürieren. Bei Bedarf noch etwas Flüssigkeit zufügen. Mit Salz und Pfeffer abschmecken. Nach Belieben durch ein feines Sieb passieren.

Die Gazpacho auf zwei Schraubgläser verteilen oder in ein großes Glas füllen. Gut verschließen, kühl stellen und die Suppe innerhalb von 3 Tagen aufbrauchen.

TIPP

Wenn du einmal länger unterwegs bist, kannst du noch ein paar Eiswürfel mit ins Glas geben – so bleibt die Gazpacho bestens gekühlt. Bei der Zubereitung dann einfach etwas weniger Flüssigkeit verwenden.

Pikantes Kichererbsencurry

Als Hauptzutat von Hummus und Falafeln sind die nährstoffreichen Hülsenfrüchte schon lange in aller Munde. Als pikantes Curry mit orientalischen Gewürzen machen sie sich auch im Glas hervorragend. Und weil es so toll schmeckt, bereitest du am besten gleich die doppelte Menge zu. Ist der Hunger dann doch nicht so groß, lässt sich das Curry problemlos einfrieren.

FÜR 2 PORTIONEN

¼ Hokkaido-Kürbis (ca. 250 g)
1 Möhre
1 festkochende Kartoffel
350 g Kichererbsen (Glas)
1 Zwiebel
1 Knoblauchzehe
1 Stück Ingwer (ca. 2 cm)
1 kleine rote Chilischote
2 EL Kokosöl oder Ghee
1 TL gemahlener Kreuzkümmel
1 TL Zimt
50 g rote Linsen
100 ml Kokosmilch
2 EL Zitronensaft
Salz
Frisch gemahlener
  schwarzer Pfeffer

Den Kürbis putzen, entkernen und grob würfeln. Möhre und Kartoffel putzen, schälen und grob würfeln. Kichererbsen abtropfen lassen, die Flüssigkeit auffangen. Zwiebel, Knoblauch und Ingwer schälen und fein hacken. Chili putzen, entkernen und in feine Streifen schneiden.

Das Öl in einem Topf mit schwerem Boden erhitzen. Zwiebeln, Knoblauch, Ingwer und Chili darin ca. 5 Minuten glasig dünsten. Die Gewürze zufügen und kurz anrösten. Dann das vorbereitete Gemüse zusammen mit den roten Linsen zugeben. Wasser zugießen bis das Gemüse leicht bedeckt ist. Alles bei mittlerer Temperatur ca. 15 Minuten köcheln lassen. Bei Bedarf noch etwas Wasser zufügen. Anschließend Kokosmilch und Kichererbsen unterrühren und alles weitere 5–10 Minuten bei niedriger Hitze sanft köcheln lassen. Zum Schluss den Zitronensaft unterrühren und mit Salz und Pfeffer abschmecken.

Das Kichererbsencurry auf zwei Schraubgläser verteilen oder in ein großes Glas füllen. Gut verschließen, kühl stellen und das Curry vor dem Verzehr in einem Topf langsam erwärmen. Es ist 2 Tage haltbar.

TIPP

Außerhalb der Kürbissaison kannst du auch Süßkartoffeln verwenden. Und wer mag, bestreut das Curry noch mit ein paar frischen Korianderblättchen oder mit Petersilie.

Mediterrane Rigatoni mit Paprika und Ziegenkäse

Manchmal muss es eben Pasta sein! Und wer es nicht schafft, in der Mittagspause mal eben nach Bella Italia zu fahren, der kann sich mit diesem Rezept das mediterrane Glück selbst bescheren. Statt herkömmlicher Pasta aus Hartweizengrieß kannst du auch Nudeln aus Dinkel oder Kamut verwenden.

FÜR 1 PORTION

½ Bund Thymian
1 Knoblauchzehe
1 rote Spitzpaprika
3 EL Olivenöl + etwas mehr
Frisch gemahlener
  schwarzer Pfeffer
Salz
100 g Rigatoni
50 g Ziegenfrischkäse
Abrieb von ½ Bio-Zitrone
1 Handvoll Pinienkerne

Den Backofen auf 200 °C vorheizen.

Thymian abbrausen, trocken schütteln und die Blättchen abzupfen. Knoblauch schälen und fein hacken. Die Paprika waschen, längs halbieren, von Samen sowie Scheidewänden befreien und in feine Streifen schneiden. Auf ein mit Backpapier ausgelegtes Backblech geben, mit 2 EL Olivenöl beträufeln und mit Knoblauch und Thymian bestreuen. Mit Salz und Pfeffer würzen und im Ofen unter gelegentlichem Wenden in 10–15 Minuten garen, bis die Paprika leicht gebräunt ist, aber noch etwas Biss hat. Herausnehmen und abkühlen lassen.

Die Nudeln in reichlich Salzwasser al dente garen. Beim Abschütten ca. 50 ml des Nudelwassers auffangen. Die Nudeln unter kaltem Wasser abschrecken und mit ein wenig Olivenöl vermengen, damit sie nicht aneinanderkleben. Den Ziegenfrischkäse in einer Schüssel mit dem Nudelwasser, dem restlichen Öl und dem Zitronenabrieb verrühren. Mit Salz und Pfeffer abschmecken. Pinienkerne in einer Pfanne ohne Fett goldbraun rösten.

Die Sauce in ein Schraubglas à 950 ml füllen. Zuerst die Nudeln, dann die Paprika einschichten. Mit den Pinienkernen bestreuen. Das Glas gut verschließen und kühl stellen. Die Nudeln am nächsten Tag aufbrauchen. Nach Belieben kurz vor dem Verzehr erwärmen.

Ofengemüse mit Halloumi

Ein kunterbuntes Gericht aus dem Ofen – von rotviolett über grün bis hin zu gelb und orange ist alles dabei. Und auch geschmacklich sorgen geröstetes Gemüse und kross gebratener Halloumi für ausreichend Abwechslung im Arbeitsalltag.

FÜR 2 PORTIONEN

1 Schalotte
2 Möhren
1 Rote Bete
2 festkochende Kartoffeln
2 Pastinaken
2–3 Zweige Rosmarin
2–3 Stängel Thymian
1 EL Koriandersamen
1 TL gemahlener Kreuzkümmel
1 TL gemahlene
  Bourbon-Vanille
4 EL Olivenöl
1 EL Honig
100 g Halloumi
1 TL Butter oder Kokosöl
1 EL Schwarzkümmel
Salz
Frisch gemahlener
  schwarzer Pfeffer

Den Backofen auf 200 °C vorheizen.

Schalotte schälen und in Spalten schneiden. Möhren, Rote Bete, Kartoffeln und Pastinaken schälen und in grobe Stücke schneiden. Rosmarin und Thymian abbrausen, trocken schütteln und die Blättchen und Nadeln abzupfen. Koriandersamen grob zerstoßen. Das Gemüse mit den Kräutern, Koriander, Kreuzkümmel, Vanille, Öl und Honig vermengen und auf ein mit Backpapier ausgelegtes Backblech geben. Im heißen Ofen in 25–30 Minuten garen.

In der Zwischenzeit den Halloumi grob würfeln und in einer Pfanne in Butter oder Kokosöl goldbraun braten. Das Gemüse aus dem Ofen nehmen und abkühlen lassen. Anschließend Käse und Schwarzkümmel untermengen. Mit Salz und Pfeffer abschmecken.

Das Gemüse auf zwei Schraubgläser verteilen oder in ein großes Glas füllen. Gut verschließen, kühl stellen und das Ofengemüse kurz vor dem Verzehr nach Belieben erwärmen. Es hält sich im Kühlschrank 2 Tage.

TIPP

Dieses Gericht kannst du je nach Jahreszeit, Laune oder dem Inhalt deines Gemüsefaches variieren. Und wer die Konsistenz von Halloumi nicht mag, verwendet stattdessen Feta, Parmesan oder Ziegenkäse.

Auberginen-Caponata

Ein köstliches sizilianisches Sommergericht, von dem man am besten gleich eine große Portion für mehrere Tage zubereitet. Traditionell wird die süßsaure Caponata lauwarm als Vorspeise zu frischem Brot gereicht, sie passt aber auch als Beilage zu Pasta, Hirse oder Polenta-Ecken und lässt sich prima einfrieren.

ERGIBT 2 PORTIONEN

1 große Aubergine
Salz
2 Stangen Staudensellerie
3 Tomaten
1 Schalotte
1 Knoblauchzehe
3 EL Olivenöl
1 EL Tomatenmark
1 EL Rosinen
1 EL Kapern
2 EL schwarze Oliven, entsteint
1 EL Rohrohrzucker
3 EL Rotweinessig
50 g Pinienkerne
Frisch gemahlener
  schwarzer Pfeffer

Die Aubergine putzen, grob würfeln, mit etwas Salz bestreuen und in einem Sieb ca. 15 Minuten Wasser ziehen lassen. Mit etwas Küchenpapier abtupfen. Sellerie putzen und in Streifen schneiden. Tomaten putzen und grob würfeln. Schalotte und Knoblauch schälen und fein würfeln.

Das Öl in einem Topf mit schwerem Boden erhitzen, Schalotten und Knoblauch darin glasig andünsten. Das Gemüse zusammen mit dem Tomatenmark zugeben und kurz mitdünsten. Dann Rosinen, Kapern und Oliven unterrühren. Den Zucker in Rotweinessig auflösen und zugießen. Deckel auflegen und die Caponata bei niedriger Hitze ca. 20 Minuten schmoren lassen. Währenddessen die Pinienkerne in einer Pfanne ohne Fett rösten und zum Schluss zugeben. Alles gut verrühren. Mit Salz und Pfeffer abschmecken.

Die Caponata auf zwei Schraubgläser verteilen oder in ein großes füllen, gut verschließen, abkühlen lassen und anschließend in den Kühlschrank stellen. Innerhalb von 3 Tagen aufbrauchen. Mindestens 1 Stunde vor dem Verzehr aus dem Kühlschrank holen und Zimmertemperatur annehmen lassen, damit sich die Aromen voll entfalten können.

Cremige Pilz-Gnocchi

Manchmal bedarf es an einem harten Arbeitsalltag eines deftigen Mittagessens zum Wärmen und Wohlfühlen. Dieses schnelle und herzhafte Gericht bringt dich ganz bestimmt sorgenfrei durch den Tag. Guten Appetit!

FÜR 1 PORTION

200 g Gnocchi
  (selbst gemacht oder Kühlregal)
Etwas Olivenöl
100 g braune Champignons
1–2 Stängel Salbei
1 EL Butter
1 Schalotte
1 Schuss Weißwein
50 g Ricotta
Abrieb von ½ Bio-Zitrone
Salz
Frisch gemahlener
  schwarzer Pfeffer

Gnocchi in reichlich Salzwasser nach Packungsanweisung bissfest garen, kalt abschrecken und mit ein wenig Olivenöl vermengen, damit sie nicht aneinanderkleben. Pilze putzen und in Scheiben schneiden. In einer heißen Pfanne ohne Fett unter ständigem Rühren anbraten. Herausnehmen und in einer Schüssel abkühlen lassen. Salbei abbrausen, trocken schütteln und die Blättchen in Streifen schneiden. Die Butter in der Pfanne erhitzen und den Salbei kurz darin schwenken. Die Blättchen herausnehmen und auf Küchenpapier abtropfen lassen.

Schalotte schälen, fein würfeln und in der verbliebenen Salbeibutter glasig dünsten. Mit Weißwein ablöschen. Ricotta, 2–3 EL Wasser und Zitronenabrieb zugeben und alles gut verrühren, weitere 1–2 Minuten bei geringer Hitze erwärmen. Mit Salz und Pfeffer abschmecken.

Die Sauce in ein Schraubglas à 950 ml füllen. Zuerst die Gnocchi, dann die Pilze einschichten und mit dem Salbei bestreuen. Das Glas gut verschließen und kühl lagern. Gnocchi am nächsten Tag aufbrauchen. Nach Belieben kurz vor dem Verzehr erwärmen.

TIPP

Übrige Gnocchi kann man sich im Laufe der Woche zusammen mit dem Kürbiskernpesto (S. 61) mitnehmen und genießen.

Register

Luisa Zeltner lebt in Köln und organisiert deutschlandweit Street Food Festivals. Schnell hat sie mit dem ersten Arbeitsalltag die Liebe zum Salat im Glas entdeckt – aus praktischen und vor allem kulinarischen Gründen. 2014 gewann sie den Fotowettbewerb der Zeit „Essen mit Freunden".

Lisa Nieschlag, Designerin und Fotografin, verbringt ihre Zeit am liebsten in der Küche beim Kochen und Backen, Stylen und Fotografieren.

Lars Wentrup ist Designer und Illustrator.

Seit 2001 betreiben die beiden eine Agentur für Kommunikationsdesign im Herzen von Münster. Lisa betreibt außerdem den preisgekrönten Food-Blog www.lizandjewels.com.

DANKE an Grün & Form, Broste Copenhagen und Kahla Porzellan, die uns mit Geschirr und Accessoires ausgestattet haben.

MIX
Papier aus verantwor-
tungsvollen Quellen
FSC
www.fsc.org FSC® C002795

5 4   20 19 18 17
978-3-88117-081-9

Rezepte: Luisa Zeltner
Fotografie: Lisa Nieschlag
Illustration: Lars Wentrup
Layout, Covergestaltung und Satz: Nieschlag + Wentrup, Büro für Gestaltung
Redaktion: Lisa Frischemeier
Litho: FSM Premedia GmbH & Co. KG, Münster

© 2015 Hölker Verlag im Coppenrath Verlag GmbH und Co. KG,
Hafenweg 30, 48155 Münster, Germany
Alle Rechte vorbehalten, auch auszugsweise

www.hoelker-verlag.de